Inhalt

Die Depression macht Karriere - immer mehr Arbeitnehmer leiden am Arbeitsplatz

Kernthesen

Beitrag

Fallbeispiele

Weiterführende Literatur

Impressum

GENIOS WirtschaftsWissen Nr. 08/2008 vom 06.08.2008

Die Depression macht Karriere - immer mehr Arbeitnehmer leiden am Arbeitsplatz

R.Reuter

Kernthesen

- Die Zahl der seelischen Erkrankungen nimmt in den westlichen Industriegesellschaften stetig zu.
- Besonders deutlich wird der Zusammenhang zwischen der Psyche und der heutigen Arbeitswelt - viele Erkrankungen haben hier ihre Ursache.
- Als wichtigste "Krankmacher" gelten unsichere Arbeitsverhältnisse, fehlende Belohnung und ungesunde Arbeitszeiten.

Beitrag

Die von Krankenkassen erhobenen Daten über die seelische Gesundheit von Arbeitnehmern sind Besorgnis erregend. In den Befund mischen sich allerdings auch Gegenstimmen. Mancher Experte sieht im Anstieg psychischer Erkrankungen in erster Linie ein Symptom dafür, dass sich die Menschen für ihre Seele heute mehr interessieren als früher.

Immer mehr Arbeitnehmer leiden

Eine Studie der Techniker Krankenkasse (TK) hat ergeben, dass rund ein Fünftel der Arbeitnehmer in Deutschland unter einer psychischen Erkrankung leidet. Am stärksten betroffen sind die Menschen in Stadtstaaten sowie Frauen - fast jede dritte Frau zwischen 15 und 65 Jahren soll der Untersuchung zufolge unter psychischen Beschwerden leiden. Besonders hoch ist der Anteil psychisch Erkrankter in Berlin. Die Techniker Krankenkasse spricht von einem "erschütternden Befund." Grundlage der Studie sind die Krankenakten von 2,5 Millionen TK-Versicherten. Die Erhebung macht deutlich, dass psychische Erkrankungen weiter verbreitet sind als angenommen. (1), (2), (3)

Fehltage immer häufiger psychisch bedingt

Elf Tage war ein Arbeitnehmer im Erhebungsjahr 2006 durchschnittlich erkrankt. Ein Ergebnis der Studie ist, dass mehr als zehn Prozent der Fehltage auf psychisch bedingte Beschwerden zurückzuführen sind. Am häufigsten wurden Depressionen und solche körperlichen Beschwerden diagnostiziert, die psychisch begründet sind, wie etwa Herzrasen. Die Zahl verschriebener Psychopharmaka stieg gegenüber den Vorjahren deutlich an. (1)

Einige Berufsgruppen sind besonders betroffen

Besonders betroffen von psychischen Beeinträchtigungen sind die Mitarbeiter in Call-Centern. Mehr als ein Drittel dieser Angestellten klagt der TK-Studie zufolge über psychische Leiden. Ebenso hoch ist der Anteil in sozialen Berufen, noch höher liegt er nur bei Arbeitslosen. Fast 40 Prozent der Empfänger von Hartz-IV leiden unter psychischen

Beschwerden. (1), (2)

Arbeitnehmer stehen zunehmend unter Druck

Die Studie zeigt damit den Zusammenhang zwischen psychischer Gesundheit und dem Arbeitsumfeld. Attestiert wird heutigen Arbeitnehmern, unter besonderem Druck zu stehen, da die Angst um den Arbeitsplatz stark zugenommen habe. Ein anderer Faktor ist das Verhalten der Angestellten untereinander, das heute mehr als früher von Rivalitäten geprägt ist. Die Folge ist nicht selten Mobbing, das den Arbeitnehmer Stress aussetzt.

Bemerkenswert ist, dass die Techniker Krankenkasse an die Ergebnisse ihrer Studie selbst nicht ganz glauben will. Der TK-Vize-Vorsitzende Christoph Straub warnte davor, aus der Untersuchung voreilige Schlüsse zu ziehen. Vermutet wird, dass manche Ärzte nur deshalb psychische Symptome diagnostizieren, weil ein solcher Befund höhere Zahlungen durch die Krankenkassen nach sich zieht. (1)

Auf dem Weg zur Volkskrankheit

Die stetige Zunahme psychischer Erkrankungen steht insgesamt jedoch nicht in Zweifel. In der Schweiz beispielsweise geht man davon aus, dass ein Viertel aller Bürger im Laufe seines Lebens an einer Depression oder einer Angststörung erkrankt. Konstatiert wird eine immer größere Zahl von Menschen mit solchen Leiden, was sich auch an einer sprunghaft gestiegenen Menge ausgegebener Antidepressiva ablesen lässt. Die Weltgesundheitsorganisation WHO sieht die Depression spätestens in 12 Jahren als die nach Herz-Kreislauf-Problemen am zweithäufigsten auftretende Volkskrankheit. (4)

Folgen für den Körper

Auch der Gesundheitsreport der BKK bestätigt, dass die Zahl der Krankheitstage als Folge psychischer Störungen seit 30 Jahren zunimmt. Noch in den neunziger Jahren belegten Depressionen und Angststörungen nur den siebten Platz unter den diagnostizierten Erkrankungen. 2007 lagen sie schon auf Platz vier und verursachen 8,9 Prozent der krankheitsbedingten Fehltage. Die körperlichen

Symptome seelischer Überforderung sind hauptsächlich Schlaflosigkeit, Leistungsabfall und Kopfschmerzen. (2)

Fehlende Belohnung macht die Seele krank

Ausbleibende Anerkennung gilt als wichtiger Auslöser für seelische Erkrankungen. Besonders häufig tritt der Befund auf, wenn hoher Arbeitseinsatz darüber hinaus zur körperlichen Verausgabung des Mitarbeiters führt. Fachleute sprechen dann von einer "Gratifikationskrise". Es sei eine natürliche Reaktion des Menschen, dass er für seine Leistungen eine angemessene Belohnung erwartet. Das Risiko, an einer Depression zu erkranken, ist fünf Jahre nach einer Belohnungskrise doppelt so hoch wie vorher. (2)

Enttäuschung wird zum Befund

Die Folge einer ausbleibenden Anerkennung - die es im Materiellen ebenso geben kann wie sozial oder menschlich - ist Enttäuschung, die das Gehirn einer Stressreaktion aussetzt. Wird die Enttäuschung zum

Dauerzustand, steigt die Wahrscheinlichkeit körperlicher oder seelischer Beeinträchtigungen. Fehlende Belohnung ist jedoch nicht immer ein Versäumnis des Arbeitgebers. Besonders ehrgeizige Mitarbeiter, die es mit dem Engagement übertreiben, stürzen sich häufig selbst in die Belohnungskrise, weil es eine angemessene Entlohnung für übertriebene Arbeitswut kaum geben kann.

Ein interessanter Begriff in der Arbeitspsychologie ist das "gesellschaftliche Tauschverhältnis". Dieses sei heute oft verletzt, was sich daran erkennen lasse, dass viele Mitarbeiter über soziale Kälte und fehlende Wertschätzung am Arbeitsplatz klagten. Das Prinzip gesellschaftlicher Gegenseitigkeit ist, so die Experten, "uralt und evolutionär verankert." (2)

Ungesunde Arbeitszeiten

Als weiterer "Krankmacher" gelten die Arbeitszeiten. Schichtarbeit, Wochenend- und Bereitschaftsdienste führten zu hohen psychischen und sozialen Belastungen, die in die Krankheit münden können. Besonders betroffene Berufssparten sind die Hotellerie- und die Gastronomie, Krankenhäuser und Berufskraftfahrer. Potenziell gefährdet sind auch Praktikanten, Zeitarbeiter und Ein-Euro-Jobber, da sie viel arbeiten, wenig verdienen und zugleich in eine unsichere Zukunft blicken müssen. (2)

Volkswirtschaftliche Schäden

Volkswirtschaftlich gesehen ziehen seelische Defizite Verluste in Milliardenhöhe nach sich. Die Weltgesundheitsorganisation WHO geht von jährlichen Einbußen in Höhe von 70 bis 100 Milliarden Euro aus. Der Gesundheitsbericht der Bundesrepublik Deutschland beziffert die Krankheitskosten für seelische Leiden auf 22 Milliarden Euro. Allein durch Produktionsausfälle verlören die Unternehmen jedes Jahr 3,8 Milliarden Euro. (2)

Auch Arbeitslose sind betroffen

Verliert ein Angestellter seinen Job, sind psychische Folgen oft nicht sofort erkennbar. Häufiger stellt sich zunächst ein "Urlaubseffekt" ein, der das Wohlbefinden anfangs steigert. Bleibt es aber bei der Arbeitslosigkeit, sind die negativen Auswirkungen auf Körper und Seele gravierend. Arbeitspsychologen plädieren daher dafür, auf Arbeitslose - gerade durch

Kürzung der Zuwendungen - möglichst großen Druck auszuüben, damit sie sich schnell um einen neuen Job bemühen. Dies geschehe dann "zu ihrem eigenen Schutz". (2)

Fallbeispiele

Banker in Angst

Die vor einem Jahr ausgebrochene, internationale Finanzkrise hat viele Arbeitsplätze im Kreditsektor vernichtet. Insbesondere für Investmentbanker, die Jahre lang finanziell auf der Sonnenseite des Lebens standen, ist der Arbeitsplatzverlust häufig mit einem drastischen sozialen Abstieg verbunden. Aber auch die, die noch Arbeit haben, müssen mit der Unsicherheit leben, womöglich morgen schon nicht mehr gebraucht zu werden. "Selbst starke Charaktere knicken ein und verlieren ihr Selbstbewusstsein", so ein Betroffener. (7)

Auch Ruhestand kann krank machen

Der Wechsel in den Ruhestand ist für viele Menschen ein schwerwiegender Einschnitt. Verloren gehen der Tagesrhythmus, viele soziale Kontakte und oft auch geistige Herausforderungen. Für die Psyche bedeutet das Rentenalter daher eine große Anpassungsleistung, auf die mancher Ex-Arbeitnehmer mit Depression oder sogar Demenz reagiert. (9)

Weiterführende Literatur

(1) Wenn Arbeit zur Last wird // Jeder fünfte Arbeitnehmer leidet unter psychischen Problemen - in Stadtstaaten und bei Frauen ist der Anteil noch höher
aus Der Tagesspiegel Nr. 19931 VOM 12.06.2008 SEITE 021

(2) Die berufstätige Seele
aus Handelsblatt Nr. 041 vom 27.02.08 Seite 9

(3) Wie psychisch Kranke lernen, den Berufsalltag wieder zu ertragen - Arbeiten im geschützten Raum
aus Stuttgarter Zeitung, 14.07.2008, S. 3

(4) Furger, M., Die Depression macht Karriere, NZZ

am Sonntag, 29.06.2008, Nr. 26, S. 21
aus Stuttgarter Zeitung, 14.07.2008, S. 3

(5) AOK-Hotline: Hilfe bei Mobbing
aus Hamburger Abendblatt, 23.07.2008, Nr. 171, S. 8

(6) Psycho-Stress in der Schule macht immer mehr Lehrer krank
aus Saarbrücker Zeitung vom 23.07.2008

(7) Auto weg, Haus weg, Yacht weg
aus Handelsblatt Nr. 138 vom 18.07.08 Seite 10

(8) Wenn Mitarbeiter gefährlich werden
aus "Der Standard" vom 01.03.2008 Seite: K1

(9) Wenn der Ruhestand krank macht
aus Rheinische Post Nr. vom 28.07.2008

Impressum

Die Depression macht Karriere - immer mehr Arbeitnehmer leiden am Arbeitsplatz

Bibliografische Information der deutschen Nationalbibliothek

Die Deutsche Nationalbibliothek verzeichnet diese Publikation in der deutschen Nationalbibliografie; detaillierte bibliografische Daten sind im Internet über http://dnb.d-nb.de abrufbar.

ISBN: 978-3-7379-0930-3

© 2015 GBI-Genios Deutsche Wirtschaftsdatenbank GmbH, Freischützstraße 96, 81927 München, www.genios.de

Alle Rechte vorbehalten. Dieses Werk ist einschließlich aller seiner Teile – z.B. Texte, Tabellen und Grafiken - urheberrechtlich geschützt. Jede Verwertung außerhalb der Grenzen des Urheberrechtsgesetzes bedarf der vorherigen Zustimmung des Verlags. Dies gilt insbesondere auch für auszugsweise Nachdrucke, fotomechanische

Vervielfältigungen (Fotokopie/Mikroskopie), Übersetzungen, Auswertungen durch Datenbanken oder ähnliche Einrichtungen und die Einspeicherung und Verarbeitung in elektronischen Systemen.